simple starters

簡単でおいしい、おつまみと小さなおもてなし

シンプルな最初の一品

ジュリア・チャールズ 編

千代 美樹 訳

Recipe credits

Valerie Aikman-Smith
Gazpacho with smoked salted toasts
Parmesan wafers
Pretzel bites
Salt-crusted citrus prawns with chilli dipping sauce

Fiona Beckett
Cheese and basil soufflés
French onion soup
Pea and Parma ham crostini
Seared steak carpaccio with truffle vinaigrette and rocket

Maxine Clark
Cherry tomato, bocconcini and basil salad on bruschetta
Parma ham with figs and balsamic dressing
Spicy crab in filo cups

Ross Dobson
Chickpea, tomato and green bean minestrone
Chilli salt squid
Naked ravioli with sage cream

Lydia France
Grilled lamb skewers with garlic and saffron custard
Prawn cocktail shots
Vermouth scallops with green olive tapenade

Tonia George
Crab bisque
Pea and smoked ham soup with mint

Louise Pickford
Fresh asparagus with hollandaise sauce

Jennie Shapter
Mini spring rolls with chilli dipping sauce

Fiona Smith
Chicken liver pâté with blueberry and balsamic glaze
Classic Caesar salad
Double courgette and Parmesan salad
Pickled salmon with fennel and cucumber
Pork and hazelnut rillettes with pickled cucumbers
Smoked mackerel and preserved lemon pâté
Smoked mushroom pâté

Laura Washburn
Apple, beetroot and fennel salad with Roquefort

Photography Credits

Martin Brigdale
Pages 21, 40, 44
Peter Cassidy
Pages 4-5, 9, 34, 43, 47, 51, 56
Jean Cazals
pages 14, 17, 18
Lisa Cohen
page 6
Gus Filgate
endpapers, pages 2, 39
Jonathan Gregson
pages 13, 26, 29, 48
Richard Jung
pages 1, 25, 29, 59
William Lingwood
page 10
Diana Miller
pages 33, 37, 52
Yuki Sugiura
pages 22, 30
Ian Wallace
page 63
Kate Whitaker
pages 55, 60
Polly Wreford
page 3

Commissioning Editor Julia Charles
Production Controller Toby Marshall
Picture Researcher Emily Westlake
Art Director Leslie Harrington
Publishing Director Alison Starling

Indexer Hilary Bird

First published in the
United Kingdom in 2010
by Ryland Peters & Small
20-21 Jockey's Fields
London WC1R 4BW
www.rylandpeters.com

注 意
- 大さじや小さじの1杯とは、とくに指定のないかぎり、すり切り1杯のことです。
- レシピ中の卵とは、とくに指定のないかぎり、普通サイズの卵のことです。
- オーブンは指定の温度まで余熱してから使いましょう。取扱説明書の指示はつねに守ってください。とくにファン付きのオーブンを使用される場合、メーカーの指示に従って温度を調節してください。

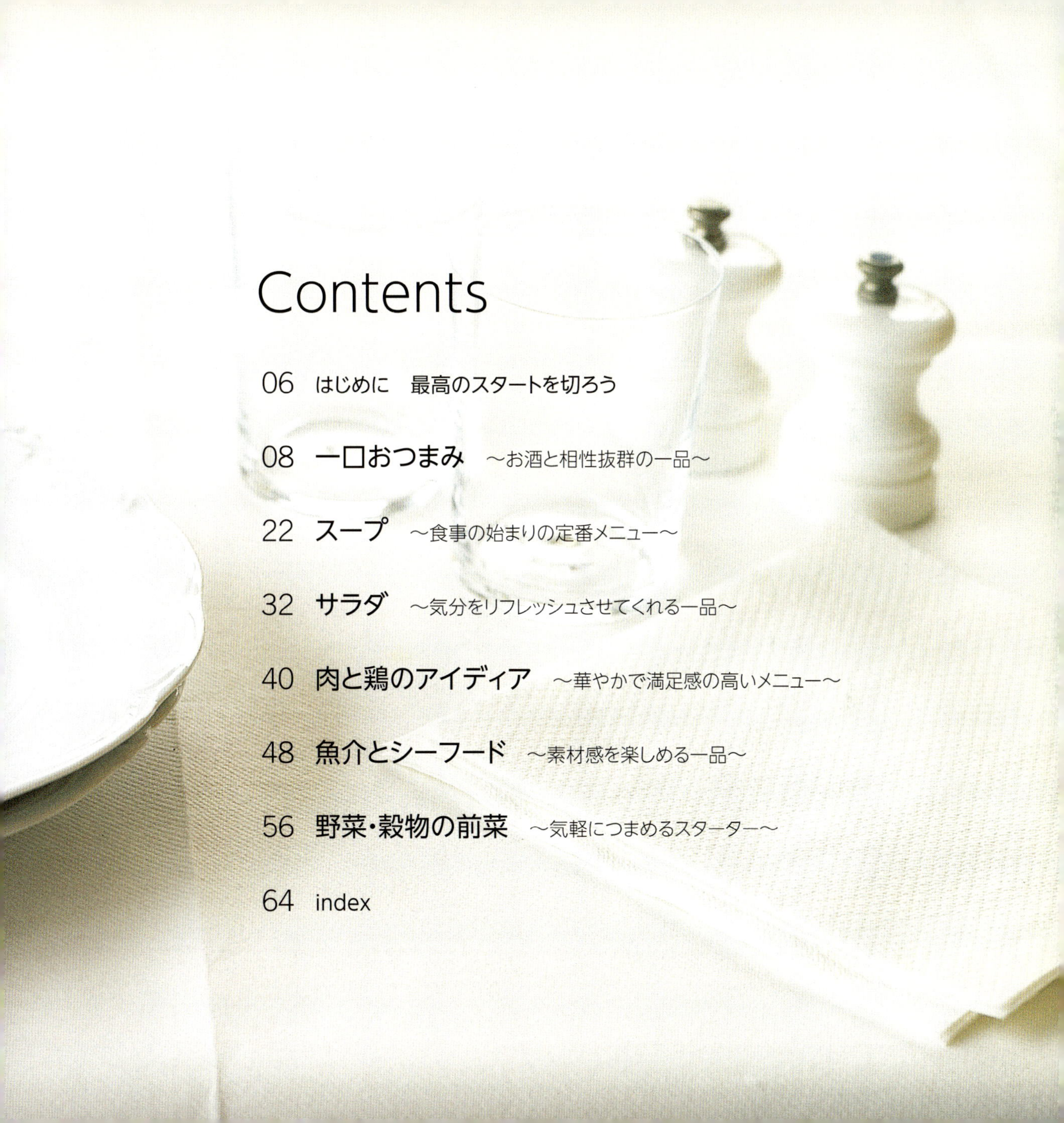

Contents

06　はじめに　最高のスタートを切ろう

08　一口おつまみ　～お酒と相性抜群の一品～

22　スープ　～食事の始まりの定番メニュー～

32　サラダ　～気分をリフレッシュさせてくれる一品～

40　肉と鶏のアイディア　～華やかで満足感の高いメニュー～

48　魚介とシーフード　～素材感を楽しめる一品～

56　野菜・穀物の前菜　～気軽につまめるスターター～

64　index

はじめに
最高のスタートを切ろう

自宅でおもてなしをするときは、気軽なホームパーティーを開くにしても、豪華なディナーを計画するにしても、とにかく最高のスタートを切りたいものです。

最初にテーブルに出す料理はとても大切です。最初の一品(スターター)には食欲を刺激し、あとに続く料理への期待を高める意味があるからです。本書はそんな大切な一品の厳選レシピ集です。お酒に合う軽いおつまみでも、コース料理の前菜でも、簡単でおいしいスターターならこの本におまかせください。

この本には、色鮮やかな地中海料理にヒントを得たもの、モロッコや中東のエキゾチックな風味をとり入れたもの、東南アジアのスパイシーな素材を使うものなど、さまざまな料理を載せました。でもどれもが驚くほど簡単なのに、確実にお客さまに注目していただけるおしゃれな料理です。

おもてなしがストレスにならないように、ここに載せた料理の多くは、事前に準備をしておくことができ、お客さまをお迎えしてからは、仕上げや温め直しをするだけで済みます。また、少しアレンジしてボリュームを増やすことで、昼食や夕食のメインのおかずに利用できるレシピもあります。

ページをめくると、たくさんのアイディア、どんな好みや機会にも合う素敵な料理が詰まっています。あなたもこの本を使ってぜひ、ストレスのないおもてなしを楽しんでください。

一口おつまみ small bites

グリーンピースと生ハムのクロスティーニ

材料（18個分）

グリーンピース（生または冷凍）　250g
スプリングオニオン*[1]（粗く刻む）　2本
パルミジャーノ・レッジャーノ*[2]（すりおろす）　40g
フレッシュハーブ（ミントまたはディル）（みじん切り）　大さじ2
エキストラバージンオリーブオイル　大さじ2
レモン汁　少々
塩、黒こしょう　各少々
薄切りの生ハム（細く切るか、ちぎる）　125g

チャバタのトースト

チャバタ*[3]　2個
軽い風味の（エキストラバージンでない）オリーブオイル　オイルスプレーで（または大さじ4-6）

旬のグリーンピースは甘くておいしいので、クロスティーニ（イタリア式カナッペ）のトッピングに最適です。塩味の効いた生ハムと組み合わせると絶妙なコントラストが生まれますが、肉を使いたくない場合は、生ハムの代わりに大きめに削ったパルミジャーノ・レッジャーノをたっぷり乗せるといいでしょう。

1　オーブンを180℃に余熱する。

2　チャバタは斜め薄切りにし、両面にオリーブオイルをスプレーし（または、オリーブオイルをオーブン皿に注ぎ入れ）、余熱したオーブンで15分焼く（途中1度裏返す）。何度かに分けてすべてのチャバタを焼いたら、少し放置して冷ます（ここまでは事前に済ませておき、トッピングする直前まで密閉容器に保存しておいてもよい）。

3　グリーンピースは塩少々を入れたたっぷりの熱湯で2-3分（柔らかくなるまで）茹で、ざるにとって流水で冷やす。

4　**3**とスプリングオニオンをフードプロセッサーにかけ、粒が残る程度のペーストにする。パルミジャーノとハーブを加えてさらにフードプロセッサーにかけ、エキストラバージンオリーブオイルを加えてよく混ぜる。最後に塩、こしょう、レモン汁を加えて味をととのえる。

5　**2**に**4**を厚く塗り、生ハムを乗せる。トーストが湿らないうちにテーブルへ。

*[1] 青ねぎのような葉がついたまま出荷される小さな玉ねぎ。柔らかく辛みが少ない。葉も一緒に刻んで食べるのが一般的。

*[2] イタリア産の硬質チーズ。「パルメザン」は「パルミジャーノ」の英訳だが、粉チーズとして広く流通している「パルメザンチーズ」の多くは「パルミジャーノ・レッジャーノ」でなく、それに似せてつくられたもの。

*[3] 素朴な味わいのイタリアのパン。外皮が硬く中は柔らかい。

ミニ春巻き
チリディップ

材料(16個分)

春巻きの皮
(20cm×20cm)　8枚

小麦粉
(小さじ2を大さじ1の水で溶いておく)

揚げ油　適量

にんじん
(マッチ棒状に切る)　50g

スナップえんどう
(マッチ棒状に切る)　50g

しいたけ(細切り)　50g

しょうが
(皮をむいてすりおろす)
2.5cm角程度

もやし　50g

スプリングオニオン*
(薄切り)　1本

赤唐辛子
(種を取って小口切り)　1個

しょうゆ　大さじ1

ひまわり油　大さじ2

チリディップ

スイートチリソース　大さじ5

しょうゆ　大さじ1

春巻きはできるだけテーブルに出す直前に揚げましょう。でも直前の作業を最小限にするために、中の具は揚げる前24時間以内につくっておくことができます。皮に包むのは揚げる前1時間以内にしましょう。また、揚げるまでは乾燥を防ぐためラップなどをかけておきましょう。

1　中華鍋かフライパンにひまわり油を熱し、にんじん、スナップえんどう、しいたけ、しょうがを1分炒め、赤唐辛子、もやし、スプリングオニオンを加えてさらに1-2分(柔らかくなりすぎない程度に)炒める。火を止め、しょうゆを加えて混ぜ、冷ましておく。

2　チリディップの材料を小さなボウルに入れて混ぜ、テーブルに出す器に移す。

3　春巻きの皮は対角線で切って2等分し、乾燥を防ぐため濡れ布巾をかけておく。包むときは1枚ずつ取り出す。

4　**1**の1/16(4等分をさらに4等分する)を、**3**の斜辺の中心の少し内側に置き、両側を折って重ね、頂点に向かって巻いていく。巻き終わりに少量の水溶き小麦粉を塗って止める。これを16個分繰り返し、揚げるまで乾燥しないようラップをかけておく。

5　揚げ油を180℃に熱し、**4**を2-3分(カリッとして黄金色になるまで)揚げる。キッチンペーパーの上に置いて油を切り、熱いうちに**2**を添えてテーブルへ。

*p.8を参照。

一口プレッツェル

材料(約70個分)

ぬるま湯(人肌くらい)　250mℓ
バター(室温に戻す)　大さじ2
ドライイースト(予備発酵不要のもの)　小さじ3
砂糖　小さじ1
小麦粉　400g
ベーキングパウダー　小さじ4
フレーク状の塩　適量(トッピング用)
マスタード　適量(省略可)

1　ガラス製の計量カップにぬるま湯、バター、ドライイースト、砂糖を入れ、バターが溶けるまでよく混ぜる。

2　フードプロセッサーに小麦粉を入れて回しながら**1**を少しずつ注ぎ入れ、生地をボール状にまとめる(必要に応じて小麦粉を少し足してもよい)。

3　**2**を打ち粉(分量外)をした台に取り出し、2分ほどこねてからボール状にまとめ、油(分量外)を薄く塗ったボウルに入れて布巾をかけ、温かい場所に1時間放置して発酵させる。

4　オーブンを220℃に余熱する。

5　**3**を打ち粉(分量外)をした台に置き、30cm×15cm程度に伸ばしてから2.5cm×2.5cm程度に切り分ける。

6　ノンスティック(焦げ付き防止加工)の鍋かフライパンに水1ℓとベーキングパウダーを入れて沸騰させ、**5**を落として1分ほど茹で、穴開きお玉などでノンスティックのオーブン皿に取り出す。

7　**6**にフレーク塩をふりかけ、余熱したオーブンで10-15分(表面に焼き色がつくまで)焼く。好みでマスタードを添えてテーブルへ。

パルミジャーノとセージのウエハース

この繊細でレースのようなウエハースは、イタリアワインのプロセッコとよく合います。シーザーサラダ(p.36を参照)にクルトン代わりに乗せるのもお勧めです。

材料(14個分)

パルミジャーノ・レッジャーノ*(すりおろす)　110g
フレッシュセージ(みじん切り)　大さじ1
粗挽きの黒こしょう　適量
フレーク状の塩　適量(トッピング用)

1　オーブンを180℃に余熱する。

2　パルミジャーノとセージはよく混ぜ合わせ、黒こしょうを加えてさらに混ぜる。

3　**2**を大さじ1杯くらいずつとり、5cmの間隔をあけてノンスティック(焦げ付き防止加工)のオーブン皿に並べ、表面を指で押して平らにし、余熱したオーブンで5-6分(生地が完全に溶け、縁に焼き色がつくまで)焼く。急速に焦げるので目を離さないこと。

4　**3**をオーブンから取り出し、オーブン皿に乗せたまま、固まるまで放置する(オーブンから出した直後は柔らかいが冷めるにつれて固まる)。

5　**4**をフライ返しを使ってオーブン皿からていねいにはがし、網などに乗せてさらに冷ます。完全に冷めたらフレーク塩をふりかける。密閉容器に入れておけば2日間保存できる。

*p.8を参照。

ラムの串焼き
にんにくとサフランのカスタード風ソース

にんにくとサフランのソースはカスタードクリームのように見えますが、じつは卵が入っていません。濃厚になりすぎたときは、レモン汁か白ワインを加えて薄めてください。ラムの串焼きに完璧に合うソースです。

材料（30本分）

ラムロイン（ラムの腰肉）（30個の立方体に切り分ける）　500g

オリーブオイル　大さじ2

フレッシュオレガノ（みじん切り）　少々

黒こしょう　少々

にんにくとサフランのカスタード風ソース

バター　50g

にんにく（粗めにすりおろす）　8-10かけ

サフラン（糸状のもの）　小さじ½

生クリーム（できるだけ乳脂肪分の多いもの）　500mℓ

レモンの皮（すりおろす）と搾り汁　小1個分

塩　少々

道　具

15cm長さの竹串（使う30分前から水につけておく）　30本

1　オリーブオイル、オレガノ、こしょうを容器に入れ、ラム肉を漬け込み、蓋をして2時間置く。

2　グリルを中火で余熱する。

3　**1**のラム肉を1つずつ竹串に差し、グリル皿に並べる。竹串の肉が刺さっていない部分はアルミホイルで軽く覆って焦げを防ぐ。

4　底の厚い大きなフライパンにバター、にんにく、サフランを入れて弱火にかけ、生クリームの半量を加えて煮る。泡が立って煮詰まってきたら、レモン汁を加えて火を止める。

5　余熱したグリルで、**3**を片面につき2-3分ずつ焼く。

6　**4**に残りの生クリーム、レモンの皮、塩を加え、弱火にかけてよく混ぜ、カスタードクリーム状にする。これを器に移し、**5**に添えて、温かいうちにテーブルへ。

えびのカクテル

材料（30個分）

えび（茹でて尾を残して殻をとる）　400-500g（中60尾ほど）

スプリングオニオン*1（粗めに刻む）　15g

チャイブ*2（長めの小口切り）　大さじ1
（またはパプリカパウダー　少々）

黒こしょう　少々

カクテルソース

生クリームまたはサワークリーム　200g

トマトケチャップ　大さじ2

シェリー酒　小さじ2

フレッシュハーブ（タラゴンとディル）（刻む）　各15g

パプリカパウダー　小さじ1

セロリソルト*3　少々

道　具

ショットグラス

カクテルスティック（楊枝）

この小さなえびのカクテルは、70年代の定番オードブルをアレンジしたものです。小さくて安定したショットグラスと見栄えのあるカクテルスティックを使うとおしゃれです。スプリングオニオンの代わりに、レタスを細く切って使ってもいいでしょう。

1　カクテルソースの材料を小さなボウルに入れ、フォークか小さな泡立て器を使ってよく混ぜ合わせる。

2　**1**をスプーンですくってショットグラスに分け、その上にスプリングオニオン、えび（2尾ずつ）の順で乗せ、チャイブかパプリカパウダーを散らす。さらに好みにより黒こしょうをかける。えびを指すためのカクテルスティックを添えてすぐにテーブルへ。

*1 p.8を参照。

*2「えぞねぎ」や「西洋あさつき」とも呼ばれる。見た目は日本のあさつきによく似ているが、かすかに玉ねぎの香りがする。種や苗、またはドライハーブなら日本でも入手しやすい。

*3 セロリシード（セロリの種）と塩を混ぜた香辛料

ほたてのベルモット風味
グリーンオリーブタプナード

材料(30-40個分)

ほたて貝柱　500g(30-40個)
辛口ベルモット*1　大さじ1
オリーブオイル　大さじ2
サラミタイプのチョリソー*2　300g
塩、黒こしょう　各少々

グリーンオリーブタプナード

グリーンオリーブ(種をとる)　90g
スプリングオニオン*3(粗く刻む)　3本
にんにく　大1かけ
辛口ベルモット*　大さじ2
イタリアンパセリ(粗く刻む)　大さじ1
塩　小さじ½

道　具

カクテルスティック(楊枝)

しっかりと食べごたえがあるのに見た目は上品な一口オードブルです。マティーニの好きな人にも喜ばれるでしょう。ぜひこの一品でディナーパーティーを楽しくスタートさせてください。土台にはチョリソーの代わりに厚切りのきゅうりを使ってもいいでしょう。オリーブのタプナードはチャバタのトースト(p.8を参照)に塗るだけでも素敵な一品になります。

1　ボウルに辛口ベルモット大さじ1、オリーブオイル、塩とこしょう各少々を入れ、ほたてを漬け込んで10分置く。

2　フライパンを高温に熱し、**1**のほたてを入れて、表裏各1分ずつ焼く。貝柱は崩れやすいので、途中あまり動かさないこと。

3　タプナードの材料をフードプロセッサーに入れて細かく(ドロドロにならない程度に)刻む。

4　チョリソーは、ほたての重さを支えられる程度の(薄すぎない)厚さの輪切りにする。

5　**3**をスプーンで少しすくって**4**に乗せ、その上に**2**を置き、カクテルスティックを刺して固定する。

*1 白ワインに香草やスパイスを入れてつくられる芳香のある酒。
辛口のベルモットをジンにミックスしたのが、カクテルのマティーニ。

*2 にんにくやパプリカなどの香辛料を効かせたスペイン発祥のポークソーセージ。
現在日本で売られているものの多くは強い辛みを持つが、本場スペインのものは辛みが少ない。
日本でも一部の精肉店やインターネットで本場タイプのものを入手可。

*3 p.8を参照。

ピリ辛がにのフィロカップ詰め

材料（約36個分）

フィロシート（パートフィロ）*1　9枚
バター（溶かす）　50g
かに肉（缶）
（水分を切る）　200g
くわい*2（水煮缶）
（水分を切り、みじん切り）　75g
しょうが
（皮をむいて細切り）　3cm角程度
スプリングオニオン*3
（薄切り）　2本
ライムの皮（すりおろす）と
搾り汁　1個分
にんにく（つぶす）　1かけ
赤唐辛子（種を除き、刻む）　½個
ごま油　小さじ2
コリアンダーの葉（パクチー）
（刻む）　大さじ2
塩、黒こしょう　各少々

道　具

ミニマフィン型（12個取用）　3枚
（溶かしバターを塗っておく）

アジアの香りの詰まった軽い一品です。かには缶詰のものを使うと、手間が省け、予算も押さえることができます。

1　オーブンを180℃に余熱する。

2　フィロシートは9枚重ねて切り、各シートを12個の正方形に分ける（計108枚の正方形ができる）。

3　フィロカップ1つにつき、**2**を3枚ずつ使う。3枚にそれぞれ溶かしバターを塗り、角を少しずつずらして重ね、星型にする。これをマフィン型に素早く丁寧に、角がすべて上を向くように入れる。これを36個分行う。

4　**3**を余熱したオーブンに入れ、8-10分（黄金色になるまで）焼く。取り出したら、バットなどに入れて冷ます。

5　かに肉はボウルに入れてフォークでほぐし、くわい、しょうが、スプリングオニオンを加えてよく混ぜる。

6　ライムの皮と搾り汁、にんにく、唐辛子、ごま油は別のボウルに入れてよく混ぜ、塩、こしょうを加える。

7　**5**と**6**を混ぜ（ここまでは、カップに詰める前4時間以内に済ませておくことができる）、さらにコリアンダーの葉を加えて混ぜる。

8　テーブルに出す直前に、**4**に**7**を詰める（時間が経つとカップが湿ってしまうので注意）。

*1 ギリシアやトルコの料理によく使われる小麦粉（または小麦粉ととうもろこし）製の薄いシート。
輸入食品店やインターネットなどで入手可。

*2 八宝菜などによく使われる中国産のオオグロクワイのことで、
おせち料理によく使われる日本のくわいとは別種。シャキシャキした食感が特徴。
水煮缶は中華食材店やインターネットなどで入手可。

*3 p.8を参照。

スープ soups

グリーンピースとスモークハムのスープ ミント風味

材料(4人分)

オリーブオイル
大さじ3＋仕上げ用に少々
スプリングオニオン*(薄切り) 6本
にんにく(薄切り) 2かけ
スモークハム
(さいころ状に切る) 200g
ミント
フレッシュなら大さじ1、
ドライなら小さじ2
グリーンピース
(生または冷凍) 500g
チキンまたは野菜のスープストック
(温める) 1ℓ
塩、黒こしょう 各少々

グリーンピースは甘味があり香りもよく、スープの素晴らしいベースになります。庭でとれたグリーンピースをさやから出して使うことができれば最高ですが、冷凍庫から出したグリーンピースでも十分においしくできます。

1 大きな鍋にオリーブオイルを入れて弱火にかけ、スプリングオニオンを入れて2-3分炒め、にんにく、ハム、ミントの半量を入れてさらに2分炒める。続いてグリーンピースと熱いスープストックを加え、弱火で2-3分(グリーンピースが柔らかくなるまで)煮る。

2 **1**の⅓をミキサーにかけて十分になめらかにし、鍋に戻してよく混ぜる。塩、こしょうで味をととのえ(ハムの塩分があるので塩は控えめに)、残りのミントを加える。

3 **2**をスープ皿に分け、オリーブオイルを垂らし、こしょうをふる。

*p.8を参照。

フレンチオニオンスープ

材料(4人分)

フランスパン(できればサワー種*1でつくられたもの)　1本

玉ねぎ(薄切り)　700g(大2-3個)

オリーブオイル　大さじ2

無塩バター　50g

砂糖　小さじ½

ドライタイム　小さじ½

辛口の白ワイン　150mℓ

チキンまたはビーフまたは野菜のスープストック　1.25ℓ

白ワインビネガー(必要に応じて)

グリュイエールチーズ*2(外皮をとり粗くすりおろす)　125g

塩、黒こしょう　各少々

フレンチオニオンスープはクラシックなビストロメニューで、とろけるチーズとカリカリのパンが贅沢感を生み出します。シンプルな料理の例にもれず、このスープもよい材料を使うことがとても大切です。また、玉ねぎの加熱に十分な時間をかけること、どっしりとした重量感のあるパン(できればつくられてから2-3日経ったもの)を使うこともおいしさの鍵です。

1　オーブンを180℃に余熱する。

2　フランスパンを2cmの厚さに切り、オーブン皿に並べ、余熱したオーブンで15-20分(軽く焦げ目がついてカリっとするまで)焼く。

3　大きな鍋にオリーブオイルを入れて熱し、バターと玉ねぎを加え、バターが玉ねぎ全体にからむようによく混ぜる。そのまま弱火から中火で、ときどきかき混ぜながら、玉ねぎが美しく深みのある茶色に変わるまで加熱を続ける(玉ねぎによってはこの作業に40分ほどかかる)。途中、茶色くなり始めたところで砂糖を加える。砂糖を加えてからは焦げやすくなるため、かきまぜる頻度を増やす。

4　**3**がいい色になったらタイムとワインを入れて煮立たせ、水分が蒸発して半量くらいになったらスープストックを加える。再び煮立ったら弱火にし、20-25分煮る。

5　**4**に塩とこしょうを加える。味を見て甘すぎるようなら、白ワインビネガーを少し加える。

6　グリルを余熱する。

7　**5**を耐熱性の器に分け、それぞれに2を乗せて軽く押し、グリュイエールチーズをふり、グリルで5-10分(チーズが泡立つまで)焼く。熱いうちにテーブルへ。

*1 小麦粉やライ麦粉に水を混ぜて放置することにより、粉や空気中に含まれる乳酸菌によって培養するパン種。これでつくられたパンには独特の酸味と風味がある。

*2 スイス産の硬質チーズ。

ガスパチョ
スモークソルトトースト

材料(4人分)

トマト　1.3kg
にんにく　1かけ
紫玉ねぎ　小1個
きゅうり　小2本
ピーマン　1個
唐辛子(赤または緑)　1個
エキストラバージン
オリーブオイル
60mℓ+ 仕上げ用に少々
シェリービネガー　60mℓ
フレーク状の塩、
粗挽きの黒こしょう　各少々
チャイブ*(省略可)

スモークソルトトースト

フランスパン　小1本
にんにく(みじん切り)　1かけ
オリーブオイル　60mℓ
燻製塩　大さじ1

元気が出る夏のスープです。カラフルなおいしいトマトが手に入ったら、ぜひ使ってみてください。普通の赤いトマトを使う場合は完熟のものを使いましょう。また、ガスパチョの味の決め手であるシェリービネガーは、スペインのヘレス産のものを使うと極上の味わいが楽しめます。

1　トマトはよく切れる包丁で皮に十字の切れ目を入れ、沸騰した湯に30秒つけてから穴開きお玉で取り出し、氷水に1分つけ、取り出して皮をむく。皮をむいたトマトは、フードプロセッサーにかけやすいように、半分か¼に切る。

2　にんにく、紫玉ねぎ、きゅうりは粗く刻む。ピーマンと唐辛子は半分に切って種や白いわたを除いてから粗く刻む。

3　**1**と**2**を合わせてフードプロセッサーにかけ、粒が残る程度のペーストにする。これを大きなボウルに移し、オリーブオイルとシェリービネガーを加えて混ぜ、テーブルに出す直前まで冷蔵庫で冷やしておく。

4　オーブンを200℃に余熱する。

5　フランスパンは縦に4つに切り、オーブン皿に並べる。その上に、ボウルに入れて混ぜたにんにくとオリーブオイルを垂らし、さらにその上に燻製塩をふりかける。これを余熱したオーブンで8-10分(黄金色になるまで)焼く。

6　**3**をスープ皿に分け、フレーク塩と粗挽きの黒こしょうをふり、オリーブオイルを垂らし、好みでチャイブをあしらう。**5**を添えてテーブルへ。

*p.16を参照。

ひよこ豆とトマトとさやいんげんのミネストローネ

材料(4人分)

オリーブオイル　大さじ2
玉ねぎ(粗いみじん切り)　1個
にんにく(みじん切り)　2かけ
ひよこ豆(缶)
(洗って水を切る)　400g
さやいんげん
(斜めに粗く切る)　100g
熟したトマト
(半分に切る)　6個
イタリアンパセリ
(粗く刻む)　少々
野菜のスープストック　1.5ℓ
スパゲッティ
(折って短くする)　100g
ワイルドルッコラ*[1]
(粗く刻む)　50g
ペコリーノ・ロマーノ*[2]
またはパルミジャーノ・レジャーノ*[3]
(すりおろす)　50g
塩、黒こしょう　各少々
硬めのパン(付け合わせ)

ミネストローネは、好きな野菜を何でも入れられる「ごった煮スープ」です。寒いときに飲むスープと思われがちですが、このミネストローネはむしろ夏向きです。また、メインの材料はトマト、さやいんげん、ひよこ豆など入手しやすいものばかりです。ワイルドルッコラを少し加えると味がぴりっと引き締まり、完璧なスターターになります。

1　大きな鍋にオリーブオイルを入れて中火にかける。玉ねぎを入れ、少しずらして蓋をし、ときどきかき混ぜながら4-5分(玉ねぎが柔らかくなるまで)加熱する。にんにくを加えてさらに1分加熱し、ひよこ豆、さやいんげん、トマト、イタリアンパセリ、スープストック、スパゲティを加え、沸騰させる。

2　火を弱め、蓋を外して15-20分(スパゲティに火が通ってスープが少し煮詰まるまで)、ときどきかきまぜながら煮る。塩とこしょうで味をととのえる。

3　テーブルに出す直前にワイルドルッコラを加え、静かにかきまぜてしんなりさせる。

4　**3**を温めたスープ皿に分け、ペコリーノ(またはパルミジャーノ)をたっぷりとふり、パンを添えてテーブルへ。

*[1] ルッコラの野生種。普通のルッコラよりごまの香り、苦味、辛みが強い。
*[2] イタリア産の硬質チーズ。
*[3] p.8を参照。

かにのビスク

材料(4人分)

かに(茹でたもの)
殻つきで600g

魚のスープストック　1.2ℓ

白ワイン　150mℓ

無塩バター　50g

リーキ*1(斜め薄切り)　3本

じゃがいも
(皮をむいてさいの目切り)
300g

トマトピューレ　小さじ1

ブランデー　大さじ3

フレッシュハーブ(タラゴン)
小枝2本

生クリーム
(できるだけ乳脂肪分の多いもの)
大さじ3

メース*2　小さじ¼

レモン汁　½個分

塩　少々

カイエンペッパー　少々

硬めのパン(付け合わせ)

魚介の味と控えめな辛さが地中海地方のスープを思わせる、簡単でおいしいスープです。かには殻付きのものを使いますが、カット済みのものを選ぶと便利です。

1　かには身を殻から出し、小さなボウルに入れておく(身は最低250g必要)。

2　かにの殻は、スープストックとワインとともに鍋に入れて20分煮る。

3　大きなフライパンにバターを入れて弱火にかけ、リーキを加え、蓋をして5分(しんなりするまで)加熱する(焦がさないように注意)。じゃがいもを加え、よくかきまぜてから再び蓋をし、さらに5分、焦げないようにときどき蓋をとってかきまぜながら加熱する。トマトピューレ、ブランデー、タラゴンを加え、火を強めてアルコールを飛ばす。

4　**3**に**2**の半量を濾して加え、15分(じゃがいもが柔らかくなるまで)煮る。

5　**4**をミキサーにかけてなめらかにし、フライパンに戻す。残りの**2**を濾して加え、**1**と生クリームも加える。よく火を通してから、塩、メース、レモン汁で味をととのえる。

6　**5**をスープ皿に分け、カイエンペッパーを散らし、パンを添えてテーブルへ。

*1「ポロねぎ」や「西洋ねぎ」とも呼ばれる。日本の長ねぎに似ているが、加熱すると甘味と粘りが出る。日本では入手しにくいが、輸入食品店の野菜売り場で売られていることもある。種や苗はハーブ販売店などで入手可。

*2ナツメグと同様にニクズクの果実からつくられるスパイス。風味はナツメグと似ているが、よりマイルド。

サラダ *saladas*

ダブルズッキーニとパルミジャーノとくるみのサラダ

材料(6人分)

レモン汁　大さじ3

レモンの皮(すりおろす)　2個分

塩　小さじ½

黒こしょう
小さじ¼ + 仕上げ用に少々

エキストラバージンオリーブオイル
大さじ6

ズッキーニ
小12個 + 中6個

くるみ(ローストし、刻む)　70g

フレッシュハーブ
(バジルまたはミント)
(刻む)　適量

パルミジャーノ・レッジャーノ*
(削る)　50g

大小2種類のズッキーニを使ったユニークでおいしいサラダです。大きなズッキーニは深い味わいと柔らかい舌触りを出すため、調味液に漬け込んでから焼きます。小さなズッキーニは爽やかな味わいとシャキシャキした食感を出すため、薄いスライスを調味液に漬け込むだけです。

1　小さなボウルにレモン汁、レモンの皮、塩、こしょうを入れて泡立て器で混ぜ、オリーブオイルを加えてさらに混ぜる。

2　ズッキーニ(小)は縦にできるだけ薄く(あればスライサーを使って)切り、酸に強い容器に入れて**1**の半量をかけ、蓋をして室温で1-6時間置く(ときどき表裏をひっくり返す)。

3　ズッキーニ(中)は、厚めに切り、酸に強い別の容器に入れ、残りの**1**をかけ、蓋をして室温で1時間置く。

4　フライパン(あれば波底のもの)を熱し、**3**の両面を1-2分かけて焼き、冷ます。

5　**2**と**4**を皿に盛りつけ、くるみとハーブを散らし、パルミジャーノとこしょうをふる。

*p.8を参照。

りんごとビーツとフェンネルのサラダ ロックフォール入り

材料(4人分)

クレソン
(茎を短く切り、洗って水を切る)
1束

青りんご
(半分に切り芯をとって薄切り)
2個

フェンネル*[1](薄切り)　1株

ロックフォール*[2](細かく崩す)　75g

イタリアンパセリ(細かく刻む)　少々

チャイブ*[3](小口切り)　少々

ビーツ*[4]の水煮(薄切り)　2個分

ヴィネグレット

赤または白のワインビネガー
大さじ2

塩　小さじ1

マスタード　小さじ1

ひまわり油　大さじ7

生クリームまたは
サワークリーム　大さじ1

黒こしょう　少々

シャキシャキした素材を彩りよく組み合わせた一品です。異なる風味や食感の組み合わせが食事の始まりを楽しくしてくれるでしょう。フェンネルが手に入らなければ、代わりにセロリ2本を薄切りにして使ってください。

1　ワインビネガーと塩をボウルに入れ、フォークか泡立て器を使って塩が溶けるくらいによく混ぜ、マスタードを加えてさらに混ぜる。続いてひまわり油を大さじ1ずつ加えながら攪拌して乳化させる。ひまわり油が全量入ったら、生クリームを加えてさらに混ぜ、こしょうで味をととのえる。

2　テーブルに出す直前に、ちぎったクレソン、青りんご、フェンネル、ロックフォール、イタリアンパセリ、チャイブをボウルに入れ、**1**を大さじ2杯分残して加え、全体を手で軽く和える。

3　**2**を皿に分け、それぞれにビーツを乗せ、残りの**1**をかける。

*[1] ハーブとしてよく利用されるスイートフェンネルとは別種で、
大きな茎を野菜のように食べるフローレンスフェンネル。形や食感はセロリに似ている。
日本では入手しにくいが、輸入食品店の野菜売り場で売られていることもある。
種や苗はハーブ販売店などで入手可。

*[2] フランス産の青かびチーズ。

*[3] p.16を参照。

*[4] 赤く、かぶに似た形で、独特の甘味がある根菜。ロシア料理のボルシチに使われる。
水煮缶は輸入食品店やインターネットなどで入手可。

クラシックシーザーサラダ

材料(4人分)

ロメインレタス*1　大きさにより1-3個

パルミジャーノ・レッジャーノ*2
(すりおろすか削る)　40g

クルトン

厚切り食パン　2枚

オリーブオイル　大さじ2

クラシックシーザードレッシング

新鮮な卵(室温に戻す)
1個

にんにく(つぶす)　小1かけ

マスタード　小さじ1

ウスターソース　小さじ1

塩　小さじ¼

黒こしょう　小さじ⅛

白ワインビネガー　大さじ1

レモン汁　大さじ1

エキストラバージンオリーブオイル
大さじ4

アンチョビ(細かく刻む)
4尾(省略可)

伝統的なシーザーサラダに忠実なレシピです。軽いけれど風味が豊かなので、コース料理のスターターにぴったりです。卵にもっとしっかりと火を通したい場合は、加熱時間を6分に伸ばし、殻をむいて刻んでからドレッシングに加えてください。また、もう少しボリュームがほしいときは、ページ下に記した「バリエーション」を参考にしてください。

1　食パンは耳を取ってさいころ状に切り分け、オリーブオイルを熱したフライパンで、焦げ色がつくまで焼く。

2　卵は人肌の湯とともに小鍋に入れて火にかけ、沸騰する直前に火を消し、2分放置してから冷水にとる。

3　**2**の卵を大きなボウルに割り入れ、にんにく、マスタード、ウスターソース、塩、こしょう、ワインビネガー、レモン汁を加えて泡立て器でよく混ぜる。続いてエキストラバージンオリーブオイルを少しずつ加えながら撹拌する。最後に好みでアンチョビも加える。

4　**3**のボウルにロメインレタスを入れて和える。これを皿に分け、パルミジャーノと**1**をトッピングする。

バリエーション

チキンシーザー　鶏の胸肉3-4枚をオーブンで焼き、冷ましてからスライスしてサラダに加える。

ベーコンとアボカドのシーザー　ベーコンの薄切りをカリカリに焼いて刻み、スライスしたアボカド1個分とともにサラダに加える。

*1 ラグビーボールのような形のレタス。

*2 p.8を参照。

ミニトマトとボッコンチーニとバジルのサラダ乗せブルスケッタ

材料（4つ分）

エキストラバージンオリーブオイル　大さじ4 + 仕上げ用に少々

バルサミコ酢　小さじ1

ボッコンチーニ（半分に切る）　12個（またはモッツァレラチーズ*[1] 375gを一口大に切り分ける）

ミニトマト（半分に切る）　20個

フレッシュバジル（手でちぎる）　少々

ワイルドルッコラ*[2]　125g

塩、黒こしょう　各少々

ブルスケッタ

硬い素朴なパン（できればサワー種*[3]を使ったもの）　4切れ

にんにく（半分に切る）　2かけ

エキストラバージンオリーブオイル　少々

イタリアの国旗の3色を使ったおいしいサラダです。夏の気楽な食事のスターターにぴったりです。もっと軽くしたいときは、ブルスケッタを省略してもいいでしょう。「一口」を意味するボッコンチーニは、小さくて丸いモッツァレラチーズです。このレシピにちょうどいいサイズのチーズですが、手に入らなければ、普通のモッツァレラを一口大に切って使ってください。

1　オリーブオイル大さじ3とバルサミコ酢は泡立て器でよく混ぜ、塩とこしょうで味をととのえる。これをボッコンチーニまたはモッツァレラチーズ、ミニトマト、バジル（仕上げ用に少し残しておく）に和える。

2　パンはグリルかトースターかフライパンを使って両面を軽く焼き、上面ににんにくをこすりつけ、オリーブオイルを垂らす。

3　**2**にワイルドルッコラと**1**を乗せてオリーブオイルを垂らし、残りのバジルを散らす。パンが湿っぽくならないうちにテーブルへ。

*[1] イタリア産のフレッシュ（熟成させない）チーズ。

*[2] p.28を参照。

*[3] p.24を参照。

生ハムいちじく バルサミコ風味

材料(4人分)

熟したいちじく　大4個

バルサミコ酢　適量

エキストラバージンオリーブオイル 適量 + 仕上げ用に少々

生ハム 薄切り12枚

パルミジャーノ・レッジャーノ*（食べやすい大きさに崩す）150g

粒の黒こしょう（つぶす）少々

オードブルの定番であり、生ハムの塩味と柔らかく熟れたいちじくの甘味が絶妙なハーモニーを生み出す一品です。バルサミコ酢は高品質のもの（濃厚で甘いもの）を選び、控えめに使いましょう。準備はいたって簡単です。また、冷やさず室温のままいただくのがベストです。

1 いちじくは真っ直ぐに立て、よく切れる包丁で上から十字に切り（ただし下部は切り離さない）、花のように広げ、切り口に刷毛でバルサミコ酢とオリーブオイルを塗る。

2 生ハムを皿に3枚ずつ乗せ、上に**1**を乗せ、周りにパルミジャーノを散らす。仕上げにオリーブオイルを垂らし、黒こしょうをふって、冷やさず室温のままテーブルへ。

*p.8を参照。

鶏レバーパテ
ブルーベリーとバルサミコのゼリーがけ

材料(6人分)

オリーブオイル　大さじ2
玉ねぎ(みじん切り)　1個
にんにく(みじん切り)　2かけ
ローリエ　2枚
鶏レバー
(筋や緑色の胆汁を取り除き、
水洗いする)　500g
赤のポートワイン*1　大さじ1
しょうゆ　小さじ2
ナツメグ　小さじ¼
シナモン　小さじ¼
塩　小さじ½
黒こしょう　小さじ¼
フレッシュタイム(省略可)
グリッシーニ*2(付け合わせ)

**ブルーベリーと
バルサミコのゼリー**

ブルーベリー(生または冷凍)　200g
砂糖　60g
板ゼラチン　1.5g×2枚程度
バルサミコ酢　大さじ1

フルーティーなゼリーをかけた定番の鶏レバーパテを、乳製品を使わずあっさり味にしました。重すぎないので、同じくあっさりしたグリッシーニと組み合わせると、理想的なスターターになります。

1　ブルーベリーと砂糖は水75mℓとともに鍋に入れて火にかけ、沸騰後さらに3分加熱する。火を止めたら目の細かいざるで濾し、150mℓの水分をとる。

2　板ゼラチンは水に数分浸してふやかしてから、水を絞り、バルサミコ酢とともにまだ熱い**1**に入れ、かき混ぜて溶かし、使うまで放置して粗熱をとる。

3　フライパンにオリーブオイルを入れて中火にかけ、玉ねぎ、にんにく、ローリエを入れて5分(玉ねぎが透明になるまで)炒める。続いて強火にして鶏レバーを入れ、2-3分(火が通って硬くなるまで)炒め、火を止めてローリエを取り除く。

4　**3**をポートワイン、しょうゆ、ナツメグ、シナモン、塩、こしょうとともにフードプロセッサーにかけ、なめらかなペーストにする。

5　**4**をスプーンですくって器に分け、表面を平らにならし、上に**2**を注ぐ。ゼリーが固まったら、好みでタイムをあしらい、グリッシーニを添えてテーブルへ。冷蔵庫で3日間保存できる。

*1 ポルトガル産のワイン。
発酵途中でブランデーを加えて発酵を止める製法により、独特の甘みとコクを持つ。
*2 イタリアのスティック状のパン。クラッカーのような食感。

ローストビーフのカルパッチョ
トリュフ風味のヴィネグレットがけ

材料(6人分)

牛ヒレ肉
(できるだけ厚さが均一のブロック肉)
500g

ペッパーミックス
(色とりどりのこしょう)
大さじ2

ドライハーブミックス　小さじ1

オリーブオイル　大さじ2

ワイルドルッコラ*[1]　100g

パルミジャーノ・レッジャーノ*[2]
(削る)　少々

硬めのパン(付け合わせ、省略可)

トリュフ風味のヴィネグレット

白ワインビネガー　大さじ2

バルサミコ酢　小さじ½

白トリュフ風味のオリーブオイル*[3]
小さじ2

軽い風味の
(エキストラバージンでない)
オリーブオイル　大さじ6

ホイップクリーム　大さじ2

塩、黒こしょう　各少々

カルパッチョは本来、生の肉を使う料理ですが、このレシピでは最初に肉をローストします。つくるのは簡単ですが、見た目が豪華なので、ディナーパーティーのスターターにぴったりです。

1　牛肉は余分な脂肪や筋をとり、キッチンペーパーで水分を押さえる。

2　ペッパーミックスとハーブミックスはすり鉢とすりこ木を使ってすりつぶす。

3　**1**の全体に**2**をまぶし、ラップに包んで冷蔵庫で1時間冷やす。

4　フライパンを中火から強火で3分加熱し、オリーブオイルを加えてさらに1分加熱してから、冷蔵庫から取り出した**3**を入れ、2-3分かけて表面全体に焼き色をつける(こしょうが焦げないよう頻繁にひっくり返すこと)。火から下ろし、冷ましたら、再びラップをして冷凍庫に入れ、45分ほどかけて冷やし固める。

5　ヴィネグレットの材料のうち、2種類の酢、2種類のオリーブオイル、塩、こしょうをボウルに入れて泡立て器でよく混ぜ、少しずつホイップクリームを入れてさらに混ぜる。味を見て、必要なら塩、こしょうを足す。

6　冷凍庫から取り出した**4**を、よく切れる包丁でできるだけ薄く切って耐油紙(クッキングシート)にはさみ、肉たたきかめん棒でたたいてさらに薄くする。

7　皿にワイルドルッコラを敷き、**6**を乗せ、**5**をスプーンですくってかける。パルミジャーノを散らし、好みで硬めのパンを添えてテーブルへ。

*[1] p.28を参照。
*[2] p.8を参照。
*[3] 文字通り白トリュフで風味をつけたオリーブオイル。輸入食品店やインターネットなどで入手可。

豚肉のリエット
ヘーゼルナッツ入り
きゅうりのピクルス

材料(6人分)

豚ばら肉　1kg
フレッシュタイム　小枝7本
にんにく　大2かけ
ローリエ　1枚
塩　小さじ1
黒こしょう　小さじ½
白ワイン　125mℓ
皮付ヘーゼルナッツ　75g
トーストしたパン
(付け合わせ)

きゅうりのピクルス

きゅうり　1本(15cm程度)
米酢　125mℓ
砂糖　125g

肉を脂肪に漬け込むリエットは伝統的な保存食ですが、つくるのが簡単でおいしいので、手間のかかるテリーヌの代わりにも使えます。このレシピでは、ヘーゼルナッツを入れて香ばしさと歯ごたえをプラスし、きゅうりのピクルスで味を引き締めています。

1　きゅうりは縦半分に切ってスプーンで種を取り除き、ごく薄く切る。

2　米酢と砂糖は鍋に入れて煮立たせ、混ぜながら3分煮て砂糖を溶かす。冷ましてから**1**を漬け込み、蓋をして冷蔵庫に入れておく。

3　豚ばら肉は小さく切り分け、タイム1本(残りは飾り用にとっておく)、にんにく、ローリエ、塩、こしょう、白ワインとともに底の厚い小さめの鍋に入れ、蓋をして弱火で3時間(肉が十分に柔らかくなるまで)煮る。

4　オーブンを160℃に余熱する。

5　ヘーゼルナッツはオーブン皿に重ならないように広げ、余熱したオーブンで、ときどきかき混ぜながら20分(香ばしさが出るまで)焼く。オーブンから取り出したら清潔な布巾に包んで揉み、皮をはがす。皮を捨てたら、粗く刻む。

6　**3**をざるに上げて肉と汁を分ける。肉はフォークを2本使って細かく裂くか、フードプロセッサーで細かく刻む。肉と5を合わせて器に分け、上に脂肪分たっぷりの汁をかけ、タイムをあしらう。粗熱がとれたら、テーブルに出すまで冷蔵庫に入れておく。3日間保存できる。

魚とシーフード *fish and seafood*

えびのライム塩包み
チリディップ

材料（4人分）

ライムの皮（すりおろす）と搾り汁　2個分

粗塩　1.8kg

殻つきのえび（車えびなど）　450g

チリディップ

赤唐辛子（細かく刻む）　2個

カフェライムリーフ*[1]（細かく切る）　4枚

スプリングオニオン*[2]（みじん切り）　1本

にんにく（みじん切り）　1かけ

ナンプラー　125mℓ

ライムの皮（すりおろす）と搾り汁　2個分

米酢　大さじ1

ブラウンシュガー　大さじ1

無塩ピーナッツ（刻む）　大さじ1

ディナーパーティーで確実に注目を集める料理です。えびを包む塩の「皮」はぜひ、テーブルに出してから割ってください。極上の香りとえびの鮮やかなピンクがお客さまを魅了するでしょう。

1　オーブンを240度に余熱する。

2　ライムの皮と搾り汁、塩、水250mℓを大きなボウルに入れて混ぜる（湿った砂のような状態になる）。

3　**2**の一部をオーブン皿に敷き、上にえびを乗せる。残りの**2**もえびにこすりつけ、えびを隙間なく覆う。

4　**3**を余熱したオーブンで15分（上部の塩に少し焦げ色がつくまで）焼く。

5　チリディップの材料すべてを泡立て器でよく混ぜ、砂糖を溶かす。これを小皿に分ける。

6　**4**をオーブンから出して5分休ませてから、包丁の背を使って塩の皮を割り、上部の塩を払う。

7　えびの殻をむいてチリディップにつける作業はセルフサービスに。殻を入れる大きめの器も出しておきましょう。

*[1]「こぶみかん」の葉。「カフィアライムリーフ」と表記されることも。柑橘系の強い香りを持つハーブで、トムヤンクンなどのタイ料理によく使われる。

*[2] p.8を参照。

燻製さばと塩漬けレモンのパテ

ハリッサ風味のつぶしトマト

材料（6-8人分）

さばの燻製（皮を取り除く）　250g

プリザーブドレモン＊[1]の皮（みじん切り）　小1個分

フレッシュディル（刻む）　大さじ3

クリームチーズ（室温で柔らかくする）　250g

カリカリに焼いたパン（付け合わせ）

ハリッサ風味のつぶしトマト

ミニトマト　300g

ハリッサ＊[2]　大さじ1

さばの燻製（またはその他の油ののった魚の燻製）を使って簡単にできるパテです。シンプルなのにおしゃれでおいしく、ディナーパーティーのスターターにぴったりです。

1　さばの燻製は皮や小骨を取り除き、身をほぐしてボウルに入れ、プリザーブドレモン、ディル、クリームチーズとよく混ぜ合わせ、ラップをして冷蔵庫に入れておく。

2　トマトとハリッサはボウルに入れて混ぜ、フォークの背でトマトを軽くつぶす。

3　**1**を器に分け、**2**とカリカリにトーストしたパンを添えて、テーブルへ。

＊[1] 南アフリカの料理に広く使われている保存食で、レモンを丸ごと瓶に入れて塩漬けにしたもの。大切な香りを含む皮が料理に使われる。

＊[2] 唐辛子ベースのペースト状の辛口の調味料。チュニジアでよく用いられる。輸入食品店やインターネットなどで入手可。

ピクルドサーモン フェンネルときゅうりのサラダ添え

材料(4人分)

さけの切り身(皮と骨を取り除く) 500g

エシャロット(薄切り) 3-4個

フレッシュディル(刻む) 大さじ4

さけ用調味液

白ワインビネガーまたは米酢 200mℓ

塩 小さじ2

砂糖 大さじ4

レモンの皮(すりおろす) 1個分

フェンネルときゅうりのサラダ

フェンネル*(できれば葉付きのもの) 1株

きゅうり(縦に2等分して種を取り除く) ½本

レモン汁 1個分

粒マスタード 小さじ1

オリーブオイル 大さじ3 + 仕上げ用に少々

塩、黒こしょう 各少々

軽くさわやかなスターターです。さけは2-3日前から調味液に漬け込んでおきましょう。もっとボリュームを出したいときは、茹でてバターを乗せたじゃがいもを添えるといいでしょう。

1 さけ用調味液の材料と水100mℓを鍋に入れて火にかけ、沸騰したら弱火にしてさらに3分加熱し、火を止めてさます。

2 さけの切り身はエシャロットとディルとともに浅く酸に強い容器に入れ、上から**1**を注ぎ、しっかりと蓋をする。これを2-3日冷蔵庫に入れておく。その間、1日に1度さけをひっくり返す。

3 **2**のさけを調味液から取り出して薄く切り、同じく調味液から取り出したエシャロットとともに皿に分ける。

4 フェンネルときゅうりは(あればスライサーを使って)ごく薄く切り、ボウルに入れる。あればフェンネルの葉もみじん切りにして加える(大さじ3程度)。

5 レモン汁、粒マスタード、オリーブオイル、塩、こしょうは小さなボウルに入れて泡立て器でよくまぜ、テーブルに出す直前に**4**にかける。**3**とともに皿に盛り付け、仕上げにオリーブオイルを垂らす。

*p.35を参照。

いかの唐揚げ チリ塩風味

材料(4人分)

生いか(筒状の胴体)
大1杯(400g)

コーンフラワー(とうもろこし粉)
大さじ2

小麦粉　大さじ1

白こしょう　小さじ½

チリパウダー　小さじ½

塩　小さじ3

揚げ油　適量

赤唐辛子(小口切り)
大1個

コリアンダーの葉(パクチー)
(刻む)　少々

レモンまたはライム
(くし形切り)

大皿に盛って取り分けるのに向くおいしいスターターです。生のいかを扱うのが苦手な人もいるかもしれませんが、冷凍ものより格段においしいはずです。辛みが効いているので、搾りかけるためのレモンかライムをたっぷり添えてください。のどの渇きを癒す食前酒もあるといいでしょう。

1　いかの筒状の胴体は縦に切って開き、よく切れる包丁を使って内側の膜を取り除く。これを縦に2cm幅に切り分け、それぞれを半分の長さに切る。

2　コーンフラワー、小麦粉、こしょう、チリパウダー、塩は大きなボウルに入れて混ぜる。

3　揚げ油を高温に熱し、**1**に**2**をまぶして2分(黄金色になるまで)揚げる。穴開きお玉で取り出し、キッチンペーパーの上で油を切る。続いて赤唐辛子も数秒揚げ、キッチンペーパーにとる。

4　いかと唐辛子を大皿に盛り付け、コリアンダーの葉を散らす。冷めないうちにレモンかライムをたっぷり添えてテーブルへ。

燻製きのこのパテ

燻製きのこの素晴らしい風味が特徴のおいしい一品です。燻製きのこが手に入ったらぜひつくってみてください。

材料(4-6人分)

クリームチーズ　150g
塩　小さじ½
フレッシュディル　大さじ6
バター　75g
クラッカーまたはトースト(付け合わせ)
きのこの燻製　300g
オリーブオイル　125㎖

道　具

大きなグラタン皿

1　燻製きのこはオリーブオイルをかけ、すぐに使わない場合は使うまで冷蔵庫で冷やしておく。

2　オイルを切った**1**、クリームチーズ、塩をフードプロセッサーにかけてよく混ぜ合わせ、ディル大さじ4を加えてさっくりと混ぜる。

3　**2**を大きなグラタン皿に入れて表面を平らにならし、残りのディルを散らす。

4　バターを小鍋に入れて溶かし、火を止めて固形分が沈むのを待ってから、透き通った上澄みを**3**の上にかける。

5　クラッカーかトーストを添えてテーブルへ。

チーズとバジルのスフレ

材料(4人分)

牛乳(全乳)　200mℓ

フレッシュバジル　小枝4-6本

卵　大4個
(卵白が少ない場合は5個)

バター　25g

小麦粉　20g

グリュイエールチーズ*[1]
またはチェダーチーズ*[2]
(すりおろす)　50グラム

パルミジャーノ・レッジャーノ*[3]
(すりおろす)
25g＋
スフレ型用に少々

海塩　少々

道　具

直径15×高さ9(cm)の
スフレ型1個
(または小さなスフレ型4個)
(バターを薄く塗っておく)

スフレはお客さまの注目を集めやすい料理のひとつです。1人分ずつ小さな型に入れて焼く場合は、焼き時間を20-25分に短縮してください。

1　牛乳はバジルとともに鍋に入れてゆっくりと加熱し、沸騰したらごく弱火にしてさらに1分加熱する。火を止めたらバジルをそのまま20分浸しておく。

2　卵は卵白と卵黄に分け、卵白は油のついていないきれいなボウルに入れておく(卵黄はあとで3個分だけ使う)。

3　オーブンを200℃に余熱する。

4　底の厚い大きなフライパンを中火にかけてバターを入れ、溶けたら小麦粉を加えて数秒炒め、まだ温かい**1**を濾しながら注ぎ入れ、泡立て器でよく混ぜる。なめらかになったら弱火にし、煮詰まってもったりとしてきたら、グリュイエールチーズ(またはチェダーチーズ)とパルミジャーノ(少し残しておく)を加えて混ぜる。チーズが溶けたら火を止め、5分放置して少しさまし、卵黄3個を1個ずつ入れてよく混ぜる。

5　バターを塗ったスフレ型にパルミジャーノ少々を散らし、オーブン皿に置く。

6　卵白は塩を加えて角が立つまで(ただし硬くなりすぎない程度に)泡立てる。これをまず大さじ2杯分**4**に加えてさっくりと混ぜてから、残りも加え、泡が消えないよう静かに混ぜる。

7　**6**を**5**のスフレ型に入れ、残りのパルミジャーノをふり、余熱したオーブンで25-30分(スフレが十分に膨らんで焼き色がつくまで)焼く。途中でオーブンのドアを開けるとスフレがしぼむことがあるので注意。焼きあがったらすぐにテーブルへ。

*[1] p.24を参照。
*[2] イギリス産の硬質チーズ。
*[3] p.8を参照。

ほうれん草とリコッタのラビオリヌーディー
セージクリームがけ

材料(3-4人分)

ほうれん草
(よく洗って粗く刻む)　1kg

リコッタ*1　250g

卵黄　5個

パルミジャーノ・レッジャーノ*2
(すりおろす)
125g + 仕上げ用に少々

小麦粉　125g

バター　大さじ1

フレッシュセージ　12枚

生クリーム　250mℓ

塩、黒こしょう　各少々

このほうれん草とリコッタの一口ボールは、パスタに包まれていないので「ラビオリヌーディー(裸のラビオリ)」と呼ばれています。ボールのように形づくるところまでは前日に済ませておいてもかまいません。その場合、茹でる直前まで冷蔵庫に入れておきましょう。

1　ほうれん草はたっぷりの熱湯で5分(柔らかくなるまで)茹で、冷水にとる。よく水を切ったら、さらに水分を絞り出すため、広げた清潔な布巾の中央に置き、巻きながら棒状に包んで絞る(布巾が緑色に染まるので、擦り切れた古いものを使うとよい)。

2　**1**のほうれん草を細かく刻んで大きなボウルに入れ、リコッタ、卵黄、パルミジャーノの半量、塩、こしょうを加えてよく混ぜる。

3　小麦粉を台の上に広げ、少し濡らした手で**2**を少しずつとっては、小麦粉の上を軽く転がし、くるみ大のボールを12個つくる。

4　バターとセージは小鍋に入れて中火にかけ、セージがジュージュー音を立て始めたら、生クリームと残りのパルミジャーノを加え、鍋にこびりつかないよう頻繁にかき混ぜながら、10分加熱して煮詰める。

5　大きな鍋にたっぷりの水と塩少々を入れて加熱し、沸騰したら**3**を落とす。1分ほど茹でて浮いてきたら、取り出して湯を切る。

6　**5**を3-4個ずつ皿に分け、**4**をスプーンですくってかけ、パルミジャーノをふり、黒こしょうをたっぷりかける。時間をおかずにテーブルへ。

*1 イタリア産のフレッシュ(熟成させない)チーズ。
乳糖が多く脂肪分が少ないため、甘味がありさっぱりしている。

*2 p.8を参照。

グリーンアスパラ
自家製オランデーズソースがけ

材料(4人分)

グリーンアスパラ(硬い部分を取り除く) 500g

粒の黒こしょう(つぶす) 少々

オランデーズソース

無塩バター 150g

白ワインビネガー 大さじ2

エシャロット(みじん切り) 1個

塩 少々

卵黄 2個

オランデーズソースはバターと酢と卵でつくるなめらかなソースです。贅沢感があり口当たりもよく、シンプルに茹でただけのグリーンアスパラにかけるとまさに絶品で、エレガントなディナーにふさわしいスターターになります。

1 バターは小鍋に入れ、弱火にかけて静かに溶かし、茶濾しで濾して乳固形分を取り除く。

2 白ワインビネガー、エシャロット、塩は、水大さじ1とともに小鍋に入れて弱火にかける。水分が蒸発して大さじ1杯分くらいになったら、火を止め、濾してガラス製のボウルに入れる。

3 湯が静かに沸騰している鍋の上に**2**のボウルを置き(ただしボウルが湯に直接触れないように)、卵黄を加えて泡立て器で2分(泡立って白っぽくなるまで)かき混ぜ、鍋から下ろす。

4 **3**に**1**を少しずつ注ぎながら、ハンドミキサーを使ってよく混ぜる。濃くなめらかなソースになったら、冷めないように蓋をしておく。

5 グリーンアスパラを蒸すか茹でて皿に分け、温かい**4**をスプーンですくってかけ、黒こしょうをふり、すぐにテーブルへ。

index

あ
いかの唐揚げ　チリ塩風味　54
いちじく
　生ハムいちじく　バルサミコ風味　41
ウエハース、パルミジャーノとセージの　12
えび
　えびのカクテル　16
　えびのライム塩包み　チリディップ　49
オニオンスープ、フレンチ　24
オランデーズソース　62
オリーブ
　ほたてのベルモット風味　グリーンオリーブタプナード　19

か
かに
　かにのビスク　31
　ピリ辛がにのフィロカップ詰め　20
ガスパチョ　スモークソルトトースト　27
きのこ
　燻製きのこのパテ　57
きゅうり
　きゅうりのピクルス　46
　ピクルドサーモン　フェンネルときゅうりのサラダ添え　53
牛肉
　ローストビーフのカルパッチョ　トリュフ風味のヴィネグレットがけ　45
くるみ
　ダブルズッキーニとパルミジャーノとくるみのサラダ　32
クロスティーニ、グリーンピースと生ハムの　8
燻製さばと塩漬けレモンのパテ　50
グリーンアスパラ　自家製　オランデーズソースがけ　62
グリーンピース
　グリーンピースとスモークハムのスープ　ミント風味　23
　グリーンピースと生ハムのクロスティーニ　8

さ
さけ
　ピクルドサーモン　フェンネルときゅうりのサラダ添え　53
さば
　燻製さばと塩漬けレモンのパテ　50
サラダ
　クラシックシーザーサラダ　36
　ダブルズッキーニとパルミジャーノとくるみのサラダ　32
　ピクルドサーモン　フェンネルときゅうりのサラダ添え　53
　ミニトマトとボッコンチーニとバジルのサラダ乗せブルスケッタ　38
　りんごとビーツとフェンネルのサラダ　ロックフォール入り　35
シーザーサラダ、クラシック　36
スープ
　かにのビスク　31
　ガスパチョ　スモークソルトトースト　27
　グリーンピースとスモークハムのスープ　ミント風味　23
　ひよこ豆とトマトとさやいんげんのミネストローネ　28
　フレンチオニオンスープ　24
スフレ、チーズとバジルの　58
スモークソルトトースト　27
ズッキーニ
　ダブルズッキーニとパルミジャーノとくるみのサラダ　32

た
チーズ
　ダブルズッキーニとパルミジャーノとくるみのサラダ　32
　チーズとバジルのスフレ　58
　生ハムいちじく　バルサミコ風味　41
　パルミジャーノとセージのウエハース　12
　フレンチオニオンスープ　24
　ほうれん草とリコッタのラビオリヌーディー　セージクリームがけ　61
　ミニトマトとボッコンチーニとバジルのサラダ乗せブルスケッタ　38
　りんごとビーツとフェンネルのサラダ　ロックフォール入り　35
チリディップ
　えびのライム塩包み　49
　ミニ春巻き　11
トースト、スモークソルト　27
トマト
　ガスパチョ　スモークソルトトースト　27
　ハリッサ風味のつぶしトマト　50
　ミニトマトとボッコンチーニとバジルのサラダ乗せブルスケッタ　38
鶏レバーパテ　ブルーベリーとバルサミコのゼリーがけ　42

な
生ハム
　グリーンピースと生ハムのクロスティーニ　8
　生ハムいちじく　バルサミコ風味　41
にんにくとサフランのカスタード風ソース　15

は
ハム
　グリーンピースとスモークハムのスープ　ミント風味　23
　グリーンピースと生ハムのクロスティーニ　8
　生ハムいちじく　バルサミコ風味　41
春巻き　チリディップ　11
パテ
　燻製きのこのパテ　57
　燻製さばと塩漬けレモンのパテ　50
　鶏レバーパテ　ブルーベリーとバルサミコのゼリーがけ　42
パルミジャーノとセージのウエハース　12
一口プレッツェル　12
ひよこ豆とトマトとさやいんげんのミネストローネ　28
ビーツ
　りんごとビーツとフェンネルのサラダ　ロックフォール入り　35
フェンネル
　ピクルドサーモン　フェンネルときゅうりのサラダ添え　53
　りんごとビーツとフェンネルのサラダ　ロックフォール入り　35
フレンチオニオンスープ　24
豚肉のリエット　ヘーゼルナッツ入り　46
ブルーベリーとバルサミコのゼリー、鶏レバーパテの　42
ほうれん草
　ほうれん草とリコッタのラビオリヌーディー　セージクリームがけ　61
ほたて
　ほたてのベルモット風味　グリーンオリーブタプナード　19

ま
ミネストローネ、ひよこ豆とトマトとさやいんげんの　28

ら
ラビオリヌーディー、ほうれん草とリコッタの　61
ラムの串焼き　15
りんごとビーツとフェンネルのサラダ　ロックフォール入り　35
レタス
　クラシックシーザーサラダ　36
レバー
　鶏レバーパテ　ブルーベリーとバルサミコのゼリーがけ　42

---

simple starters
シンプルな最初の一品

発　　行　2011年5月15日
発 行 者　平野　陽三
発 行 元　ガイアブックス
〒169-0074 東京都新宿区北新宿3-14-8
TEL.03(3366)1411　FAX.03(3366)3503
http://www.gaiajapan.co.jp
発 売 元　産調出版株式会社

編集：ジュリア・チャールズ (Julia Charles)

翻訳：千代 美樹 (せんだい みき)
青山学院大学理工学部経営工学科卒業。訳書に『マッサージバイブル』(産調出版)、『自然への介入はどこまで許されるか』『胎児は知っている母親のこころ』(共に日本教文社)など。

ISBN978-4-88282-793-1 C2077

Printed in China